892

LA FELICITÉ,

BALLET-HEROIQUE

RÉPRESENTÉ

A VERSAILLES,

Les 17 & 24 Mars 1746.

DE L'IMPRIMERIE

DE JEAN-BAPTISTE-CHRISTOPHE BALLARD,
Doyen des Imprimeurs du Roi, seul pour la Musique.

M. DCC XLVI.
Par exprès Commandement de Sa Majesté.

LES PAROLES font du S^r ROY, Chevalier de l'Ordre de S. Michel.

LA MUSIQUE des Srs REBEL ET FRANCOEUR, Sur-intendans de la Mufique du Roy.

LES DANSES du Sr LAVAL, Compofiteur des Ballets de SA MAJESTE.

AU ROY.

*

Igne Objet des faveurs de Minerve, & de Mars,
Héros, dont les lauriers s'épanchent fur nos Arts,
De LA FELICITE' daigne agréer l'hommage :
Né pour nous la donner, adjoutant au courage
Les reffources, les foins, & les projets heureux,
Tu fçauras la tranfmettre à nos derniers Neveux.

De tes Exploits récens, de ceux que tu t'aprêtes
L'intervalle eft ouvert à de nouvelles Fêtes.
La Terre de tes Camps admiroit la fplendeur,
Sous un afpect plus doux elle voit ta grandeur.

a

Ces Guerriers fi jaloux de marcher fur tes traces,
Ces illuftres Beautés, ces rivales des Graces,
Tes auguftes Enfans qui partagent nos vœux,
Et te rendent l'éclat que tu répans fur eux,
Cette pompeufe Cour, famille aux yeux d'un Pere
Attentive aux plaifirs qu'il goute, & qu'il éclaire,
Le Citoyen lui-même admis dans ce féjour,
Aux regards de fon Maître allumant fon amour,
Le luxe ingénieux, que ces beaux Jours fignalent,
Qu'imitent nos voifins, que jamais ils n'égalent...
Avec moins d'appareil la Fable ouvre les Cieux,
Peint Jupiter & Mars, Vénus & tous les Dieux.

Des fpectacles fi grands attendent de nos veilles
Tout ce qu'à ton Ayeul ils offroient de merveilles:
De la Scene pour lui les chef-d'œuvres formés
Sont l'époque du Goût, des talens ranimés.
Mais le bonheur d'un choix, qui m'a rendu la Lire,
Quelques fuccès acquis au zele qui m'infpire,
Tes regards quelquefois defcendus jufqu'à moi,
Tout, loin de m'enhardir, me caufe plus d'effroi.
Le Guerrier qui te fuit, eft fûr de la Victoire,
L'Auteur tremble à chanter tes plaifirs, ou ta Gloire.

LA FELICITÉ,

BALLET-HEROIQUE.

ACTEURS CHANTANS
DU PROLOGUE.

LE CHEF DES SALIENS, Le S^r le Page.

LA PREMIERE VESTALE,　　　La D^{lle} Chevalier.

LA FELICITE',　　　La D^{lle} Coupé.

CHŒURS de Saliens, de Vestales, et de Romains.

PERSONNAGES DANSANS.

SALIENS.

Le Sieur Monfervin;

Les S^{rs} F-Dumoulin, P-Dumoulin, Pelletier, Caillez, Dangeville, Hamoche.

VESTALES.

La D^{lle} Carville;

Les D^{lles} Rabon, Rozalie, Beaufort, Petit, Duchateau, Thiery.

PROLOGUE.
LES JEUX ACTIENS.

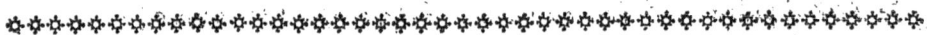

Le théâtre repréfente une place ornée pour les Jeux célébrez en l'honneur d'Auguste, après la victoire
d'Actium * : Au milieu eft placé l'autel de la Felicité,
qui avoit un Temple à Rome. Les Saliens & les Ve-
ftales préfident à la Fête. Dans l'éloignement, on voit
les aprêts d'un fpectacle.

SCENE PREMIERE.

LE CHEF DES SALIENS,
LA PREMIERE VESTALE.
CHŒURS DE SALIENS, DE VESTALES,
DE ROMAINS ET ROMAINES.
LE SALIEN ET LA VESTALE.

TROMPETTES *& tambours, éveillez,*
les échos,
Des honneurs qu'on va rendre au plus grand
des Heros
Donnez le fignal à la terre.

CHŒUR, *Trompettes & tambours,* &c.
LE SALIEN.
C'eft à lui que nos Dieux ont remis le tonnerre.

* Suetone, vie d'Auguste.   e ij

PROLOGUE.

LA VESTALE.

C'est par lui que nos Dieux nous rendront le repos.

CHŒUR.

Trompettes & tambours, éveillez les échos,
Des honneurs qu'on va rendre au plus grand des Heros
Donnez le signal à la terre.

On danse.

LA VESTALE.

FELICITE' charmante, acceptez notre encens,
Tribut des cœurs reconnoiffans.
Les céleftes bienfaits, la paix & la victoire
Par la main des Cefars, fe répandent fur nous.
AUGUSTE a de l'Empire éternifé la gloire,
Nos hommages pour lui font un culte pour vous.

On danse.

CHŒUR DES VESTALES.

Que la Paix dans ces aziles
Defcende du haut des cieux.

Reparoiffez jours tranquiles,
Que Numa fit à nos aïeux.

Que la Paix dans ces aziles
Defcende du haut des cieux.

On danse.

CHŒUR DES SALIENS.

La gloire est notre partage,
Nous la cherchons dans les hazars.
Que tout céde à notre courage.
Quoi! Ne sommes nous pas les descendans de Mars?
Une Simphonie douce annonce LA FELICITE.

LA VESTALE.

Mais quels rayons colorent ces nuages?
Notre encens monte jusqu'aux cieux.
Divinité, qu'implorent nos hommages,
Vous daignez paroître à nos yeux:
AUGUSTE vous rend chers le Tibre, et ses rivages.

SCENE II.

LA FELICITE, CHŒURS DE SALIENS, DE VESTALES, ET DE ROMAINS.

LA FELICITE sur un nuage.

GUERRIERS, dont la valeur à fondé cet Empire ;

Pretreffes, dont les vœux le rendront éternel,

Que j'aime à voir, dans ce jour folennel,

Le zéle & les tranfports, qu'AUGUSTE vous
inspire !

Quand l'univers gémit, vous feuls êtes heureux.

Les ravages cruels ont-ils troublé vos Fêtes ?

L'airain ne tonne, l'air n'étincelle de feux,

Que pour vous annoncer de nouvelles conquêtes.

LA VESTALE.

Melpomene ornoit de fes jeux
Les triomphes de nos peres.

LE SALIEN.

Qu'elle raffemble à nos yeux
L'allegreffe, l'Amour, et les Graces legeres.

PROLOGUE.

LA FELICITE'.

Il est des lieux favoris,
Que j'habite par préference,
Des trésors que ma main dispense,
Un âge d'en sentir le prix :
Que des tableaux si cheris
De la FELICITE' consacrent la puissance!

LE SALIEN.

Déesse, épuisez vos bienfaits.

LA VESTALE.

Ranimez les beaux Arts, répandez l'abondance:
Rendez le Maître heureux du bonheur des sujets.

ENSEMBLE.

Enchaînez tous les cœurs par la reconnoissance.
Déesse, épuisez vos bienfaits.

CHŒURS.

Il dispose de la victoire,
Célébrons sa valeur :
Tout l'univers chante sa gloire,
Chantons notre bonheur.

FIN DU PROLOGUE.

ACTEURS ET ACTRICES,

Chantans dans les Chœurs. •

DU CÔTÉ DU ROY;		DU CÔTÉ DE LA REINE;	
Les Demoiselles	*Les Sieurs*	*Les Demoiselles*	*Les Sieurs*
Dun ,	Lefebvre,	Cartou ,	De Serre,
Tulou ,	Marcelet,	Monville ,	Gratin,
Delorge ,	Le Page-C.,	Lagrandville ,	St. Martin
Larcher ,	Laubertie,	Masson ,	Le Mesle ,
Delastre ,	Le Breton,	Rollet ,	Chabou ,
Riviere ,	Lamarre,	Desgranges ,	Levasseur,
Gazeau.	Fel ,	Gondré ,	Belot,
	Bourque,	Delorme.	Louatron,
	Houbeau,		Forestier ,
	Bornet,		Therasse,
	Gallard,		Cordelet.
	Duchênet,		
	Orban,		
	Rochette.		

LE SÉJOUR.

LE SÉJOUR
DE LA FELICITÉ.

SUJET.

PHILONIDE, fille de Dedalion eſt connuë dans la Fable ſous le nom de C H I O N E. * Celui de Philonide, plus doux & plus ſonore, lui eſt donné par les Mithologiſtes. ** Elle fut aimée de Mercure, dont elle eut Autolycus célébre par ſa ſubtilité. Si l'on s'étonne de voir ce Dieu plutôt amant que confident, il faut ſe rappeller ſes intrigues avec la Déeſſe Muta ou Lara, dont il eut les Dieux Lares, avec l'Amazone Mirto mere de Mirtil, avec Pandroſe, Aglaure & Herſé, avec Venus même, dont nâquit l'époux de Salmacis.

On repréſente ici Philonide comme une perſonne élevée à la Cour d'Hélene. Elle y a vû un Troyen qui conduiſoit l'amoureux Pâris, c'étoit Mercure déguiſé. Il a ſçu lui plaire. Elle ſe trouve dans un exil où elle regrette les plaiſirs de la Cour ; mais l'amour efface toutes les autres idées, et dès qu'elle retrouve Mercure dans ſa ſolitude, elle ſent qu'où l'on voit ce qu'on aime c'eſt le Séjour de la Felicité.

* Ovid. Metam. liv. 11.

** Hygin, fable 200, et Noel le Comte.

A

ACTEURS CHANTANS.

PHILONIDE, *Princesse Grecque*,	La D^{lle} Le Maure.
MERCURE *sous le nom* D'IDAMANTE,	Le Sr Jeliote.
CYLLENIE, *Confidente de* PHILONIDE,	La D^{lle} Bourbonnois.
LA PRETRESSE de *la Fortune*,	La D^{lle} Fel.
UN BERGER,	Le Sr Poirier.

Chœurs de Prêtresses de la Fortune, *de Plaisirs*, *de Bergers*, *de Faunes & de Dryades*.

PERSONNAGES DANSANS.

PRETRESSES DE LA FORTUNE.
La D^{lle} Camargo;
Les D^{lles} Rabon, Rozaly, Erny, Petit, Carville, Lyonois.

PLAISIRS.
Les Srs Dumay, Dupré, Javilliers-L., Javillier-C., Levoir, Feuillade.

BERGERS ET BERGERES-HEROIQUES.

Une Musette,	Le Sr Abraham,
Un Basson,	Le Sr Brunel,
Un Haut-bois,	Le Sr Despreaux.

Le S^r D-Dumoulin,   La D^{lle} Sallé;
Les Srs Matignon, Malter-C., Malter-L., Hamoche.
Les D^{lles} Courcelle, St Germain, Thiery, Beaufort.

FAUNES.
Le Sr Pitro;
Les Srs Gherardy, Device, Caillez, Pelletier, Dangeville, P-Dumoulin.

LE SÉJOUR
DE LA FELICITÉ.

❊❊❊❊❊❊❊❊❊❊❊❊❊❊❊❊❊❊❊❊❊❊❊❊❊❊❊❊❊

Le Théatre repréſente un bocage avec un Temple dédié à la Fortune, on voit la ſtatuë de cette Déeſſe.

SCENE PREMIERE.

PHILONIDE, CYLLENIE.

CYLLENIE.

CES bords, que le Penée embellit de ſes
      flots,
A vos ſens agitez rendront-ils le repos?

PHILONIDE.

On adore ici la Fortune,
Je la viens implorer : je ne puis ſoutenir
De mes maux l'image importune,
Et j'attens le ſecours qui peut ſeul les finir.

CYLLENIE.

Vos aïeux autrefois ont regné dans Mycêne ;
De nos Maîtres nouveaux vous éprouvez la haine.

PHILONIDE.

Ah ! Du moins les grandeurs , tous les amusemens
Renaissans à la Cour occupoient mes momens ;
 Dans mon exil rien n'adoucit ma peine.

CYLLENIE.

Mais le séjour des Rois vous offroit mille amans,
Aucun d'eux n'étoit-il digne de votre chaîne ?
Quoi ! Du cœur d'Idamante ignorez-vous le prix ?
Dans le Palais de Sparte il conduisit Pâris.....

PHILONIDE.

L'hommage qu'il m'offroit ne blessoit point ma gloire,
Tout devoit à mes yeux embellir ma victoire.

Par un art peu connu des vulgaires amans ,
Il ne faisoit parler que ses empressemens.
 S'il peignoit les feux d'un cœur tendre ,
Il en sçavoit cacher les craintes, les tourmens ,
Et sembloit moins forcer mon aveu , que l'attendre.

Lui seul eût dans mon cœur trouvé quelque retour,
Si mon cœur étoit fait pour se rendre à l'amour.

CYLLENIE.

Ne pouvez-vous aimer, ne voulez-vous que plaire ?

PHILONIDE.

Eh ! pourquoi rappeller une ardeur passagere,
Eteinte avec les jours de ma prosperité ?

Il faut que sur mon sort la Fortune m'éclaire.
Toi, cours, presse l'instant que j'ai tant souhaité.

SCENE II.

PHILONIDE.

CEssez, Oiseaux, cessez vos importuns ramages,
    Ils n'amusent que les Echos :

      C'est envain que les Ruisseaux
      Murmurent dans ces bocages ;
     Le seul sentiment de mes maux
Ternit l'émail des prez, & le cristal des eaux.

Plaisirs que j'ai perdus, vos brillantes images
    Troublent sans cesse mon repos.

    Hélas ! Quand l'ennui nous dévore,
Le plus beau lieu ne sert qu'à l'irriter encore.

SCENE III.

MERCURE, PHILONIDE.

MERCURE, à part.

PHilonide rêve en ces lieux....
Allez vain ornement qui trahiriez Mercure,

Il jette son Caducée.

Sans vous, de ma conquête il faut que je m'assure,
Soïons encore Idamante à ses yeux.

PHILONIDE, l'appercevant.

Me trompai-je ? Quel soin peut ici vous conduire ?

MERCURE.

Je n'y cherche que vous.

PHILONIDE.

La pitié vous attire.

MERCURE.

Vous me connoissez mieux : vos yeux depuis longtems
Ont sçû m'accoutumer à d'autres sentimens.

PHILONIDE.

C'est au sein des plaisirs que regne la tendresse,
L'Amour veut en riant, allumer nos ardeurs :
Ses momens ne sont pas les momens de tristesse,
Les Fêtes, et l'éclat lui préparent les cœurs.

MERCURE.

Le feu des plus beaux yeux dans les pleurs peut s'éteindre,
Mais les vôtres sur moi perdent-ils leur pouvoir ?

PHILONIDE.

Vous m'entendrez ici soupirer, et me plaindre.

MERCURE.

Je ne veux point vous contraindre,
Je n'aspire qu'à vous voir.

Si vous vous plaisiez à m'entendre,
Mes entretiens vous peindroient mon amour ;
Dès qu'ils vous ennuiront, je sçauray les suspendre :
Mon feu plus renfermé n'en sera que plus tendre,
Mes soins plus assidus, plus vifs de jour en jour ...
Tout ce que je vous tais, ils pourront vous l'apprendre.

PHILONIDE.

Votre silence même est donc à redouter.

Une symphonie annonce les Prêtresses de la Fortune.

MERCURE.

Quels sons !

PHILONIDE.

De mon destin je vais être éclaircie.

MERCURE.

Eh ! sur le mien qui dois-je consulter ?

PHILONIDE.

La gloire & les plaisirs partagent votre vie ;
Le soin de l'avenir peut-il vous agiter ?

On vient : de quelque espoir j'ose enfin me flater.

SC. IV.

SCENE IV.

Le Temple de la Fortune s'ouvre.

MERCURE, PHILONIDE,
LA PRETRESSE DE LA FORTURNE,
PRETRESSES.

On danse.

LA PRETRESSE DE LA FORTUNE,
Alternativement avec les Prêtresses.

Au Nocher, dès le rivage,
Faut-il assurer les vents,
Aux guerriers impatiens
Tous les prix dûs au courage,
A l'amant fixer le tems
Du succès de son hommage,
A ceux que l'himen engage
Garantir des feux constans,
A tant de cœurs mécontens
La fin de leur esclavage ?

On danse.

PHILONIDE, A LA PRETRESSE.

Vous connoissez ma peine, et quel secours j'attens.

B

LA PRETRESSE.

Plaiſirs que la Fortune améne,
Doux Plaiſirs, qui ſouvent attirez ſes faveurs,
Offrez à votre Souveraine
Sa gloire, et vos charmes vainqueurs.

On danſe.

SCENE V.

PLAISIRS,

Et les Acteurs de Scene précédente.

LA PRETRESSE.

T Riomphe Déeſſe volage,
Tous les Peuples ſont tes amans :
Un rapide nuage
Te cache, et te découvre à leurs empreſſemens.

CHŒUR.

Triomphe Déeſſe volage,
Tous les Peuples ſont tes amans :
Un rapide nuage
Te cache, et te découvre à leurs empreſſemens.

On danſe.

LA PRETRESSE.

Des nuages couvrent la Statue de la Fortune.

Quel épais tourbillon envelope ces lieux ?
D'où vient qu'à nos efforts la Déeſſe eſt rebelle ?

Un ſuprême pouvoir, un charme imperieux
La contraint au ſilence, et l'emporte ſur elle.

PHILONIDE.

Quoi ! Juſques dans les cieux j'aurois des ennemis ?
Fortune, quel eſpoir me ſera donc permis ?

CHŒUR DE PRETRESSES.

Elle fonde ſa puiſſance
Sur ſes caprices divers.
Ils ouvrent dans les revers
Des routes à l'eſperance.
Aujourd'hui nos vœux offerts
Irritent ſa réſiſtance,
Demain elle les devance ;
Ses bienfaits en ſont plus chers :
Et l'ordre de l'univers
Dépend de ſon inconſtance.

Les Prêtreſſes rentrent dans le Temple qui ſe ferme.

SCENE VI.

PHILONIDE, MERCURE.

PHILONIDE.

JE l'implorois envain cette aveugle Déeſſe !
Mais vous avez trop vû ma honte, et mes douleurs.
Séparons-nous...

MERCURE.

Eh ! Quoi ! Ma préſence vous bleſſe !

PHILONIDE.

A tous mes ennemis, cachez bien ma foibleſſe,
On triompheroit de mes pleurs :
Moi-même j'en rougis, Je veux une retraite,
Où je puiſſe oublier ce qu'envain je regrette.

MERCURE.

Ne pourrai-je y ſuivre vos pas ?

PHILONIDE.

Auriez-vous de la Cour éprouvé les caprices ?

MERCURE.

Quoi ! Ne méritez vous pas
De plus éclatans ſacrifices ?

PHILONIDE.

Flattez moins ma vanité,
Songez plutôt à m'apprendre
L'art de trouver cette tranquillité,
Que le dépit ne peut me rendre.

MERCURE.

Votre cœur vous inſtruit, ſi vous voulez l'entendre.
L'Amour, dont vous bravez les loix,
Source du vrai bonheur, eſt jaloux de ſes droits.

PHILONIDE.

Eſt-ce lui qui forçoit la Fortune à ſe taire ?

MERCURE.

Il eſt bleſſé des ſoins qu'on lui préfere.

Il peut vous vanger aujourd'hui

De la Fortune infidelle :

On eſt eſclave avec elle,

On ne regne qu'avec lui.

Regnez ſur un amant ſoumis, tendre, ſincere,
Qui touché d'un regard, enflamé d'un ſoupir,
Merite les faveurs par l'art de les ſentir.

PHILONIDE, à part.

Mon cœur se trouble autant que mon esprit s'éclaire :

A MERCURE.

Croïez-vous que l'Amour garde encor sa colere ?

MERCURE.

C'est un Dieu facile à calmer.

PHILONIDE, à part.

Je me croyois si loin d'aimer.

De ce qui m'abusoit l'image évanoüie

Découvre à mes regards un avenir plus doux...

S'il faut qu'avec l'Amour on me reconcilie,

Je veux du moins, je veux ne le devoir qu'à vous.

Restons dans ce séjour .... Non, il n'est plus le même.

MERCURE.

Oubliez-vous celui que vous avez quitté ?

PHILONIDE.

Où l'on voit ce qu'on aime,

N'est-ce pas le séjour de la Felicité ?

MERCURE.

Vainement le Ciel me rapelle.

PHILONIDE.

Le Ciel ! Qu'entens-je ? Une mortelle

Attireroit un Dieu de la celeste Cour !

MERCURE.

Jupiter m'a donné le jour.
Ministre de ses loix, sur les Arts je préside ;
La Fortune à ma voix obéit sans retour :
Mais ces titres divins, charmante Philonide,
Me sont moins chers que mon amour.

PHILONIDE.

Je ne voyois en vous que le tendre Idamante,
Le Dieu n'ajoute rien au bonheur qui m'enchante.

MERCURE.

Dryades, sortez des Ormeaux ;
Faunes, animez ces roseaux,
Dont je vous ay montré l'usage ;
Bergers, joignez vos chants à mon fidelle hommage.

On voit paroître les Faunes, les Dryades, et les Bergers de Thessalie.

SCENE VII.

MERCURE, PHILONIDE,
FAUNES, DRIADES, BERGERS.
On danse.

UN BERGER.

QUE nos jours ont d'attraits !
Quel destin est plus tranquille ?

LE BERGER ET LE CHŒUR.

Tendre Amour, tes bienfaits
A nos vœux manquent-ils jamais ?

LE BERGER, à MERCURE ET à PHILONIDE.

Le Dieu qui regne en cet azile,
Pour l'embellir, n'attendoit que vous,
Voyez quels traits il choisit pour nous.

LE BERGER, ET LE CHŒUR.

Que nos jours, &c.

CHŒUR DE FAUNES.

La douceur de l'esperance
Ne perd rien par les faveurs,
Plaisirs vifs, sans inconstance ;
Et durables sans langueurs.   On danse.

CHŒUR.

Volez Amours, volez dans ces climats charmans,
Oubliez le reste du monde :
Qu'ici l'Echo ne réponde
Qu'aux soupirs des heureux amans.

FIN DE LA PREMIERE ENTRÉE.

LES SOURCES

LES SOURCES DE LA FÉLICITÉ.

SUJET.

AMALTE'E, fille d'Harmonius, Roi d'Etolie, fut recommandable par le bonheur qu'elle procuroit à ses peuples. Aussi la Fable la rend-elle dépositaire de la Corne d'abondance, trésor inépuisable, d'où il sortoit toute sorte de fleurs & de fruits. Aristée jouissoit d'un avantage à peu près semblable. L'art de fertiliser la terre, l'invention du miel & l'utilité de ses autres découvertes, l'éleverent enfin de la condition de Berger, au rang des Dieux. Son païs étoit ravagé par des chaleurs empoisonnées. Il le soulagea par le secours* des Vents Etesiens qu'il y fit descendre.** Ce prodige le fit reconnoître pour fils du Soleil & de Cyrené. C'est ce même Aristée qui a fourni à Virgile un Episode si interessant dans les Géorgiques. La conformité de son caractere avec celui d'Amaltée, l'époque du tems auquel ils ont vécu tous deux, autorisent l'union qui fait naître l'abondance, Source de la Félicité.

*Palephate, liv. 1.
** Hygin. Astronom. liv. 3. & Aratus dans ses Phénomenes.

C

ACTEURS CHANTANS.

AMALTE'E, Reine d'Etolie, La D^{lle} Chevalier.

ARISTE'E, Berger,

fils du Soleil & de Cyrené, Le S^r De Chaffé.

CE RES, La D^{lle} Coupée.

UNE ETOLIENNE, La D^{lle} Bourbonnois.

UN ETOLIEN, Le Sr Poirier.

ETOLIENS.

MOISSONNEURS.

PERSONNAGES DANSANS.

ETOLIENS, ETOLIENNES.

Le Sr Dupré;

Le Sr Matignon, La D^{lle} Lyonnois;

Les Srs Caillez, Feuillade, F-Dumoulin, Dangeville;

Les D^{lles} Rabon, Rozalie, Erny, Petit.

SECOND DIVERTISSEMENT.

MOISSONNEURS.

Le Sr Gherardy;

Le Sr Laval, La D^{lle} Puvignée;

Les Srs Levoir, Hamoche, P-Dumoulin, Malter-C.;

Les D^{lles} St Germain, Courcelle, Thiery, Beaufort.

LES SOURCES
DE LA FELICITE.

Le Théatre repréfente, d'un côté, le Palais des Rois
d'Etolie ; de l'autre côté & dans le fonds, on voit
une campagne couverte de moiffons, ornée d'arbres
fruitiers, et arrofée par le fleuve Acheloüs.

SCENE PREMIERE.
ARISTE'E.

E vois dans ces climats renaître
l'abondance,
Et le bonheur du Monde éclore de mes
mains,
Tandis que pour le mien tous mes
efforts font vains.

O Nimphes de Cerès, qui m'avez dès l'enfance,
　　Inftruit dans l'art d'être utile aux Humains,
Que ne m'appreniez-vous des fecrets plus certains
Pour éviter l'Amour, ou vaincre fa puiffance?

　　　Le voile, que les Deftins
　　　Ont jetté fur ma naiffance,
Juftifie Amaltée, & fon indifférence :
　　Et quand je fuis d'autres nœuds que je crains,
Du fier Acheloüs j'attire la vangeance.

　　Fatal amour, inutile conftance,
Dois-je vous reprocher les maux dont je me plains?

　　CHŒUR derriere le Théâtre.

Que du nom d'Amaltée ici tout retentiffe.

　　　ARISTE'E.

　　Tout célébre ici fon bonheur,
　　Faut-il que mon cœur feul gémiffe?

　　Je l'offenfe par ma douleur.

On reprend le Chœur.

SCENE II.

ARISTE'E, AMALTE'E.

ARISTE'E.

Iouïssez des transports de ce peuple fidelle.

AMALTE'E.

Il m'est doux de vous voir applaudir à leur zele ,
Et j'attens que Cerès adorée en ces lieux
Confirme un choix si glorieux.

ARISTE'E.

Que ce jour entre-nous va mettre de distance !
Nul espoir désormais ne peut me soulager ;
Je n'avois contre moi que votre indifférence ,
Vous regnerez , je suis Berger.
Mais sans blesser le rang suprême ,
D'un regard de pitié, n'osez-vous voir mes fers ?
Pardonnez aux transports de mon amour extrême ;
Si j'ose encor dire que je vous aime ,
C'est au moment que je vous perds.

LA FELICITE',

AMALTE'E.

Du refus de mon cœur Acheloüs vous vange;
De sa fille en ce jour vous recevrez la main.
Que sous ses loix, la gloire ou le dépit vous range;

ARISTE'E.

Aristée à vous seule attachoit son destin.
Vos dedains sont le prix de ma persévérance.

AMALTE'E.

Dans ma tranquilité j'ai cherché mon bonheur.
Vous me reprochez ma rigueur;
Je n'ai point fui votre présence.

ARISTE'E.

Me fuir, c'étoit me flater,
C'étoit offrir à ma tendresse
Mille moyens d'éclater;
C'étoit me menager sans cesse
Des obstacles à surmonter,
Et des droits pour vous mériter.

A redouter mes soins rien n'a pû vous contraindre:
Au danger de vous voir chaque jour exposé,
Vous avez vû le feu dont j'étois embrasé,
Sans le partager ni le craindre.

AMALTÉE.

Désormais la Sirène exige ces transports.

Le Dieu, qui sur ces eaux préside,
Voit ici vos bienfaits remplacer les trésors,

Qu'il perdit par les coups d'Alcide. *
Il vous réserve un prix qui fait mille jaloux.

ARISTÉE.

Non, il ne me doit rien.

AMALTÉE.

Quoi ! Ces climats sauvages
Adoucis par vos soins, riches de vos ouvrages . . ?

ARISTÉE.

Je les embellissois pour vous.
Il ne restoit au Sort, pour me faire la guerre,

D'autres traits que votre rigueur.
Que me sert de changer la face de la Terre ?

Je n'ai pû changer votre cœur.

AMALTÉE.

Helas ! S'il eût changé, seriez-vous moins à plaindre ?

* Ovid. Metam. 9.

ARISTE'E.

Je n'aurois de mes maux accusé que les Dieux.

AMALTE'E.

Ce seroit vous trahir, que de nourrir vos feux,
Votre repos dépend de les éteindre.

Mais le peuple déja s'assemble dans ces lieux.

SC. III.

SCENE III.

ARISTE'E, AMALTE'E, ETOLIENS ET ETOLIENNES

On danse.

LES CHŒURS.

LA vertu, la beauté vont regner sur ces rives.
Que sous d'aimables loix nos ames soient captives!
On danse.

AMALTE'E.

Des auteurs de mes jours vous me rendez les droits,
Et je crois de vos mains recevoir cet Empire:
Votre bonheur est le seul où j'aspire,
C'est la loi qui commande aux Rois.
Une Simphonie annonce CERES.

ARISTE'E.

Cerès répond à notre zele,
Nos campagnes, nos cœurs, tout s'anime par elle.

D

SCENE IV.

CERES sur un nuage,
ARISTE'E, AMALTE'E, CHŒURS.

CERES.

Vous placez Amaltée au rang de ses Ayeux,
Par un si juste choix votre bonheur commence :
Il doit s'éterniser par l'heureuse alliance
　　Du fils du plus brillant des Dieux.

CHŒUR.

Venez, fils du Soleil, hâtez-vous de paraître,
Venez, que vos bienfaits annoncent notre Maître.

AMALTE'E, à part.

Quel Oracle ! quel trouble afreux !

CERES.

Un péril éclatant vous le fera connaître,
C'est tout ce que le sort en découvre à mes yeux.

Peuple, allez publier les volontés des Dieux.

　　　　　　　Tous sortent.

SCENE V.

ARISTE'E, AMALTE'E.

ARISTE'E.

A Insi du Dieu du jour vous partagez la gloire,

En vous unissant à son Fils.

AMALTE'E.

Mes yeux d'un vain éclat seroient-ils éblouis ?

Vous-même pouvez-vous le croire,

Vous qui sacrifiez à des feux sans espoir,

De la Fille d'un Dieu la gloire & le pouvoir ?

ARISTE'E.

Eh ! Qu'importe à mes vœux son amour, ou sa haine ?

Non, je ne vois que vous dans l'univers ;

Je vivois pour vous seule, et mes maux m'étoient chers.

AMALTE'E.

Helas !... Faut-il encor acroître votre peine ?

J'ai combattu long-tems contre un panchant trop doux.

Je vous paroissois inhumaine,

Et je l'étois pour moi plus que pour vous.

ARISTE'E.

Qu'entens-je ? ô Ciel !

AMALTE'E.

En ce moment funeste,

Victime du courroux celeste,

Dij

Dois-je me reprocher l'aveu que je vous fais ?

 Je sens qu'il vous est inutile,

 Mais j'y trouve encor des attraits

 Ignorez d'un amour tranquile.

ARISTÉE.

Eh cependant je vois couler vos pleurs !

Avant que d'être aimé de l'Objet que j'adore,

Je n'avois à souffrir que mes seules douleurs :

 Et cet aveu m'accable encore

 De tout le poids de vos malheurs.

AMALTÉE.

J'oublirai mon tourment, en ne songeant qu'au vôtre,

Nous nous rapellerons mille fois chaque jour

Tout ce que nous pouvons nous coûter l'un à l'autre ;

Nous pleurerons ensemble un malheureux amour.

 Dans les regrets je nourrirai ma flame,

Si le Ciel vous condamne à fuir de ce séjour,

Nos derniers entretiens occuperont mon ame......

Mais à mes sens troublés tout offre Acheloüs ;

Mortel, craignez un Dieu blessé de vos refus.

Le fleuve se déborde, renverse les arbres, ravage la campagne, entraîne les rochers.

AMALTÉE.

Quel nouveau sujet d'épouvante ?
Quel pouvoir inconnu trouble les Elémens ?

ARISTÉE.

La mort vole en ces lieux sur les aîles des Vents.

AMALTÉE.

Les airs sont enflammés & l'Onde mugissante
Roule d'impétueux torrens.

ARISTÉE.

La Terre chancelante
Fond sous ces débordemens.
O Cerès, n'osez-vous prendre notre défence ?

ENSEMBLE.

Quelle victime, ô Ciel, faut-il à ta vangeance ?

CHŒUR derriere le théatre.

Venez fils du Soleil, remplissez vos destins.

AMALTÉE.

Le secours qu'on implore est celui que je crains.

CHOEUR derriere le théatre.

Sous nos pas s'ouvrent les abîmes :
Dieux, ô Dieux, quels font nos crimes ?

ARISTÉE.

Arrête Acheloüs, fi j'ai pû t'outrager,
Ah ! Refpecte Amaltée, épargne l'innocence,

AMALTÉE.

Cerès, vous puniffez ma défobéiffance.

ARISTÉE voulant fe précipiter.

Arrête, Acheloüs, ma mort va te vanger.
Arrête.

Une Simphonie annonce le calme.

AMALTÉE, ARISTÉE.

Mais les flots ne nous font plus la guerre :
Un pouvoir plus grand & plus doux
Impofe filence au Tonnerre.

SCENE VI.

ARISTE'E, AMALTE'E.

ZEPHIRS, fur des globes de nuages.

CHŒUR DES ZEPHIRS.

*V*Ous voyez renaître la Terre.

Les Dieux y defcendent pour vous.

Les eaux fe retirent, les arbres fe relevent, le Théâtre s'éclaire.

ARISTE'E à AMALTE'E.

Vous feule les pouviez intereffer pour nous.

CHŒUR DES ZEPHIRS.

Digne fils du Soleil, exercez fa puiffance,
Ariftée, il foumet les Zephirs à vos loix.

AMALTE'E.

Le Ciel a de mon cœur juftifié le choix.

ARISTE'E.

Grand Dieu, dans quel moment me rends-tu ma naif-
fance !

Belle Amaltée, enfin je reprens l'espérance,
Aristée est digne de vous.

AMALTE'E.

Dieux, vous éprouviez ma constance
Pour m'assurer un sort plus doux.

ARISTE'E.

Réparons cet affreux ravage ;
Dans leurs gouffres profonds on voit rentrer les flots,
Plaisirs, ranimez ce rivage :
D'Amaltée il est le partage,
Qu'un Nom si cher vous rende le repos.

S C. V I I.

SCENE VII.

ARISTE'E, AMALTE'E, ETOLIENS,
MOISSONNEURS.

On danse.

UNE ETOLIENNE.

S Ans le secours de Bacchus,
Sans les travaux de Pomone,
De leurs présens ce séjour se couronne,
Et la terre s'étonne
De rendre des tréfors qu'elle n'a pas reçus.
Un seul instant nous donne
Les fleurs, les fruits & les moissons:
Un seul instant nous donne
Les biens, que tour à tour amenent les Saisons.

On danse.

UN ETOLIEN.

Dieu des cœurs, dans ces lieux
Tout ressent ta puissance:
Tu fais naître les Jeux
Au sein de l'abondance.

On danse.

E

Tout retrace à nos yeux
Les prodiges fameux,
Qui du monde naiſſant honoroient l'innocence.
Quand tu le veux, Amour, l'âge d'Or recommence.

CHŒURS.

Regnez, c'eſt ſur vous ſeuls que notre eſpoir ſe fonde :
Que vos exemples ſoient nos loix.
Le Deſtin aux vertus des Rois
Enchaîne le bonheur du monde.

FIN DE LA SECONDE ENTRÉE.

L'AGE
DE LA FELICITÉ.
SUJET.

HEBE' fut une mortelle aimable, qui verſoit dans le Ciel le Nectar aux Dieux. Les Poëtes en ont fait la Divinité de la Jeuneſſe, c'eſt tout ce que la Fable nous en aprend. Pour mettre cette Fiction ſur le Théatre, voici les convenances qu'on a cherchées.

On fait Hebé fille de Protée, chez qui elle fut éle-vée, ſelon quelques Auteurs. * Le caractere de ſon âge, ſa legereté, ſa paſſion pour le changement, s'accor-dent à titre de naiſſance & d'éducation avec celui qui prenoit toute ſorte de formes, Dieu ſelon Ovide, & Inventeur des Pantomimes ſelon Lucien. La crainte qu'elle a de vieillir, crainte pareille à celle qu'exprime Helene dans Horace**, la diſpoſe à répondre aux vœux d'un Amant, qui a le pouvoir de perpétuer la Jeuneſſe, et d'animer la beauté. L'Amour & la Jeuneſſe ſont faits l'un pour l'autre. On ſçait que ce Dieu n'a pas borné ſes conquêtes à la ſeule Pſyché ; on n'a pas trouvé mau-vais qu'il fût amoureux d'Iris, dans le Ballet des Sens.

Où la Fable manque, l'Allégorie peut ſupléer, elle ne fait que rentrer dans ſes droits, puiſqu'elle eſt l'ori-gine des Fables. Il s'agit ſeulement de la fonder ſur la nature, ou ſur la morale, enſorte qu'on puiſſe croire qu'une Fiction qu'on ne lit pas dans Ovide, eût pû s'y trouver, et qu'on la prenne pour la découverte de quel-que Mithologiſte.

* *Pauſanias, Corinthiaques & Ciceron dans les Tuſculanes.*
** *Ode 27. liv. 3.*   E ij

ACTEURS CHANTANS.

HEBE', fille de Protée,
  Roi d'Egypte,   La D^lle Le Maure.

PROTE'E,   Le S^r Le Page.

L'AMOUR,   Le Sr Jelliote.

UNE NIMPHE, Compagne
  D'HEBE'   La D^lle Coupée.

NIMPHES COMPAGNES D'HEBE'
SUIVANS DE PROTE'E.

PERSONNAGES DANSANS.

NIMPHES COMPAGNES D'HEBE'.

La Demoiselle Camargo ;

La Demoiselle Sallé ;

La Demoiselle Le Breton ;

Les Demoiselles Rabon , Carville, St Germain ,
Courcelle , Erny, Rozalie , Thiery , Petit.

L'AMOUR, Le S^r D-Dumoulin.

SUIVANS DE PROTE'E.

Le Sieur Pitro ;

Le Sieur Malter-troisiéme ;

Les Sieurs Monservin , Gherardi ,
Javillier-L. , Javillier-C. , Dumay, Dupré ,
Matignon , Malter-C.

L'AGE
DE LA FELICITÉ.

Le Théatre repréfente les Jardins de Protée, Roi
d'Egypte : on voit dans le fonds la mer,
et le Phare d'Alexandrie.

SCENE PREMIERE.
L'AMOUR, PROTE'E.

L'AMOUR.

*AGE & divin Protée, aprend-moi
quel myftere
Te fait cacher ta fille aux regards
des humains ?*

PROTE'E.

*Amour, je crains toujours, fur la foi des Deftins,
De me voir féparer d'une fille fi chere.*

L'AMOUR.

Fils de Neptune , tu crains
Qu'un si beau sang ne tombe en de profanes mains.

Aigle fier , ou Dragon agile ,
Impetueux torrent , ou tourbillon de feux ,
Tes changemens divers font un rempart mobile
Contre les plus audacieux.
Ainsi que toi , je suis ce que je veux ,
Tout déguisement m'est facile ,
Et tes prodiges font mes jeux.

Mais le prestige ici n'est pas fort nécessaire :
Ton bonheur m'attire en ces lieux.

PROTE'E.

Mon bonheur ! Eh comment ?

L'AMOUR.

Il faut ne te rien taire.

Pour verser le nectar à la table des Dieux ,
De nos Divinités la guerre est éternelle.
Jupiter veut calmer les cieux ;
Il veut aux mains d'une mortelle
Remettre par mon choix cet emploi glorieux.

L'Epouſe de l'Amour doit être jeune & belle :
Sur Hebé j'ai jetté les yeux.
Mais ſans parler du prix, dont j'honore mes feux,
Je veux d'abord être aimé d'elle.

PROTÉE.

J'ignore ſi vos ſoins auront un ſort heureux.

Hebé, plus jeune que ſon âge,
S'amuſe à tout & ne s'occupe à rien.
La jeuneſſe pour elle eſt le ſuprême bien.
Les troupeaux de Neptune errans ſur ce rivage,
Une fleur, un beau jour, l'aſpect d'un verd feuillage,
Des danſes, des chanſons font tout ſon entretien.

Tout eſt égal à ſon ame legere,
Tout devant ſes regards paſſe rapidement :
Pour l'ennuyer, pour lui plaire,
Chaque objet n'a qu'un moment.

L'AMOUR.

C'eſt à moi de ſaiſir le moment favorable :
Peut-être aurai-je l'art de le rendre durable.

PROTE'E.

Allez-vous de la Gloire emprunter les appas ?
Sçaura-t-elle qu'un Dieu ? ...

L'AMOUR.

Ne me découvre pas.
L'Amour doit se faire connoître
Par le seul excès de ses feux.

PROTE'E.

Les Nimphes d'Hebé vont paroître.

L'AMOUR.

Je ne viens point troubler leurs jeux.

Il est une heure propice
De hazard, ou de caprice ;
Aux Amans je sçais la marquer ,
Pour moi , pourrois-je la manquer ?

SC. II.

SCENE II.
PROTE'E, HEBE', NIMPHES COMPAGNES D'HEBE'.

On danse.

UNE NIMPHE.

DE ces fleurs les charmes naiſſans,
Le jeune ombrage
De ce feuillage,
Tout nous rit, tout flatte nos ſens,
Tout, du bel âge
Offre l'image.

CHŒUR.

De ces fleurs, &c.

LA NIMPHE.

Quel vif éclat pare nos champs
Aux premiers feux de l'Aurore !
A l'aurore de nos ans,
Tous les biens ſemblent éclore.

CHŒUR.

De ces fleurs, &c.

F

LA FELICITE,

LA NIMPHE.

Oiseaux, vos concerts
Ne sont offerts
Qu'à la jeunesse.
Ces aziles ne vous sont chers,
Qu'au tems où ces ormeaux sont verds,
Vous fuyez quand les hyvers
Y font voir la vieillesse.

CHŒUR.

De ces fleurs les charmes naissans,
Le jeune ombrage
De ce feuillage,
Tout nous rit, tout flatte nos sens,
Tout, du bel âge
Offre l'image.   On danse.

UNE NIMPHE.

Que le plaisir s'offre à nous
Sans le chercher, sans l'attendre !
Il n'est jamais aussi doux,
Que quand il vient nous surprendre.
Le préparer est un ennui,
Il est passé quand on court après lui. On danse.

PROTE'E.

Vous, qui tenez de moi l'art de tout imiter,
Venez, que dans nos jeux on le fasse éclater.

SCENE III.

SUIVANS DE PROTE'E,

et les Acteurs de la Scene précédente.
On danse.

PROTE'E, à HEBE'.

*T*U *parois peu sensible à leurs soins empréssés.*

HEBE'.

Je les regarde, eh n'est-ce pas assez !

SCENE IV.

L'AMOUR,

et les Acteurs de la Scene précédente.

L'AMOUR paroît au milieu des Nymphes, & cherche à fixer par sa danse, les regards d'HEBE'.

PROTE'E.

*D*E *leurs essais nouveaux que faut-il que je pense?*
Tes yeux y semblent attachez.

HEBE'.

Je me corrige un peu de cette impatience,
Que toujours vous me reprochez,

HEBE'.

Quel est cet Etranger qui ranime leur danse?

PROTE'E.

Quel qu'il soit, son aspect n'a rien qui nous offense.

F ij

L'AMOUR, danse une seconde fois, sur un air plus vif.

HEBE', à part.

Quels mouvemens confus de joye & de tristesse !

Ciel ! que voudroient-ils m'annoncer ?

Un vain spectacle m'interesse,

Je demeure immobile & réduite à penser. . . .

Je n'en veux pas voir davantage.

Les Nimphes & les suivans de PROTE'E, se retirent.

PROTE'E.

Eh bien, changeons de lieu , sortons de ce bocage.

HEBE'.

Je suis prête à suivre vos pas.

PROTE'E.

N'ai-je pas trop long-tems laissé durer la Fête?

HEBE'.

La diversité seule a pour moi des appas.

Que vois-je ! Quel objet m'arrête ?

SCENE V.

L'AMOUR, HEBE'.

L'AMOUR.

CEt hommage discret que je vous ai rendu,
A-t-il le malheur de déplaire?
Me füiez-vous encor, suis-je trop témeraire?
Hebé, m'avez-vous entendu?

HEBE'.

J'admire votre Danse, elle est touchante & vive.

L'AMOUR.

Ne sçavez-vous qu'admirer seulement?

HEBE'.

Pour admirer, il faut être attentive,
Je le suis assez rarement.

Je ne reconnois d'autre empire
Que celui du moment qui flatte mes desirs :
Rien ne m'arrête, tout m'attire;
Je me soumets tous les plaisirs.

L'AMOUR.

Que cette humeur impatiente,
Au milieu des plaisirs sans cesse renaissante,

De vos defirs vous découvre l'erreur.

Tous les objets qu'on vous préfente

Sont peu dignes de votre cœur.

Un plaifir inconnu manque à votre bonheur.

HEBE'

Je ne defire rien, dans ces lieux tout m'enchante.

L'AMOUR.

Envain de ce féjour vous vantez les appas,

Il vous caufe un ennui que vous n'avouez pas.

Un plaifir vous féduit, auffi-tôt il vous laffe,

A peine eft-il préfent, vous fouhaitez qu'il paffe.

Mais pour les cœurs qu'Amour a rangez fous fes loix,

L'univers change de face.

Tout s'anime par lui, les rochers & les bois,

Leur folitude s'efface.

Tout charme : un mot de l'objet de nos feux,

Sa feule image, et ce qui la retrace,

Le defert difparoît, c'eft le Ciel à nos yeux.

HEBE'.

Mais l'on fouffre en aimant, trop de trouble, et d'al-
larmes.

L'AMOUR.

Ce trouble n'a-t'il pas fes charmes ?

HEBE'.

Le repos eft plus précieux.

Chez l'Auteur de mes jours j'ai vû plus d'une Amante,
Regrettant le passé, du présent mécontente,
　　　Inquiette de l'avenir :
Que de chagrins ! Son Art ne pouvoit les bannir ;
　　　Un tel exemple m'épouvante.

L'AMOUR.

Pourriez-vous perdre un cœur, que vous auriez sou-
　　　　　　　　　　　　　　　　　mis ?

HEBE'.

　　　Helas ! Je le craindrois sans cesse.

La crainte sur mon front effaceroit les Ris.
J'y perdrois ces appas, cet éclat de Jeunesse,
Seuls biens dont jusqu'ici j'ai reconnu le prix.
Que leur perte aujourd'hui me sembleroit cruelle !
Non, je n'ai jamais tant souhaité d'être belle.

L'AMOUR.

　　　Aimez, vous le serez toujours.

L'Amour sçait enchaîner le tems pour les Amantes,
　　　Des ans il suspend le cours :
Il ne laisse vieillir que les indifférentes,
　　　Qui dédaignent son secours.

HEBE'.

Non, non, vous vantez trop ses charmes, sa puissance.

Peut-il donc rendre heureux, il permet l'inconstance.
　　　Rien ne peut rassurer mon cœur...
Il faudroit que ce Dieu pour moi si redoutable,
Ce Dieu que vous peignez moins dangereux, qu'aimable
　　　Me répondit de mon bonheur.

L'AMOUR.

Daignez faire le sien : du vôtre il vous assure,
　　　A vos genoux, lui-même il vous le jure.

HEBE'.

Qu'entens-je ! Quoi l'Amour sur moi fixe son choix !
C'est l'Amour même : hélas, puis-je le méconnaître
Aux transports que je sens pour la premiere fois ?

L'AMOUR.

Vous en ressentez moins, que vous n'en faites naître.

HEBE'.

Vous deviez donc plutôt m'annoncer mon bonheur.

L'AMOUR.

Ah ! Je voulois éprouver votre cœur.

On voit descendre l'Aigle de Jupiter, et un Génie qui
apporte le vase destiné à verser le Nectar.

　　　　　　　　　　　　HEBE'.

HEBE'.

Mais que vois-je? L'Oiſeau qui porte le tonnerre,
Il s'approche, il fond ſur la terre :
Vous partez, je vous perds, il vous enleve aux Cieux.

L'AMOUR.

Non, c'eſt vous chere Hebé que Jupiter appelle,
Il aprouve mon choix, il couronne nos feux :
Venez, ce Vaſe en main, Venez verſer aux Dieux
Le Nectar, qui leur rend la Jeuneſſe immortelle.

ENSEMBLE.

L'AMOUR. ⎰ *Inſpirez* ⎱ *mille nouveaux plaiſirs.*
HEBE'. ⎱ *Reſſentez* ⎰

L'AMOUR. ⎰ *Toujours* ⎱ *jeune, toujours Belle.*
HEBE'. ⎱ *Toujours* ⎰ *tendre, toujours Fidelle.*

ENSEMBLE.

Dans le ſein du bonheur ranimons nos deſirs.

G

SCENE VI.

PROTE'E, L'AMOUR, HEBE'.

HEBE'.

*M*On pere à nos regards s'offre dans ce moment.

PROTE'E.

Ma fille, ô Ciel! Quel changement !
Toi qui fuyois l'Amour avec un soin extrême.

HEBE'.

Il n'avoit pas parlé lui-même.

PROTEE.

Hebé trouve un Epoux digne d'elle, et de moy ;
Célébrez, mon bonheur, vous qui suivez ma loy.

SCENE VII.

PROTE'E, L'AMOUR, HEBE'.
NIMPHES, ET SUIVANS DE PROTE'E.

PROTE'E.

CHantez, Peuples, chantez une fête si chere :
L'Amour à la jeunesse est uni pour jamais.
Ce choix n'est pas sans mistere,
Il fixe le tems de plaire,
Il marque les Objets
Dignes de ses bienfaits.
Chantez, Peuples, chantez une fête si chere.

CHŒURS.

Par nos transports marquons ce jour heureux,
Joignons nos voix, chantons de si beaux nœuds.
Regnez sur nous, Divinité nouvelle,
Répondez à nos vœux :
Tous les cœurs amoureux
Vous prendront pour modelle.

LA FELICITÉ,

L'AMOUR.

Tout vous rit,
Le Dieu qui vous engage
Vous ménage
L'avantage,
Dont il joüit.

A sa voix
Les plaisirs vont renaître :
Si-tôt qu'il veut être
Votre Maître,
Suivez son choix.

Les langueurs,
Les pleurs,
Sont le prix des cœurs,
Qui veut se défendre
De se rendre
Craint des faveurs.

Si pour Flore Zephire
Jamais ne soupire,
Leur Empire
N'a plus de fleurs.

On danse.

LA NIMPHE.

Cédons-tous au tendre Amour,
Eſt-il un jour
Qu'il ne compte à nôtre âge ?
Ce vainqueur tendre & jaloux
Ne veut que nous,
Il fuit tout autre hommage.

CHŒUR.

Cédons-tous , &c.

LA NIMPHE.

Dieu des cœurs,
Par tes ardeurs,
Par nos langueurs
Embelli tous nos charmes.
La Beauté,
La Volupté,
Ont préſenté
Mille objets à tes armes.

LA FELICITE,
CHŒUR.

Cédons-tous au tendre Amour,
Eſt-il un jour
Qu'il ne compte à notre âge ?
Ce vainqueur tendre & jaloux
Ne veut que nous,
Il fuit tout autre hommage.

CHŒUR DES PASTRES.

Dans tes nœuds
Précieux
Le bonheur vient pourvû qu'on l'attende.
Soins preſſans,
Renaiſſans,
C'eſt l'encens
Que l'Amour nous demande.

LA NIMPHE.

Cédons-tous au tendre Amour,
Eſt-il un jour
Qu'il ne compte à notre âge ?

CHŒUR.

Ce vainqueur tendre & jaloux
Ne veut que nous,
Il fuit tout autre hommage.

LA NIMPHE.

Parez la Jeuneſſe,
Charmante ivreſſe
De la tendreſſe:
La triſte ſageſſe
De la vieilleſſe
N'eſt que foibleſſe.

CHŒUR.

Cédons-tous au tendre Amour,
Eſt-il un jour
Qu'il ne compte à notre âge?
Ce vainqueur tendre & jaloux
Ne veut que nous,
Il fuit tout autre hommage.

FIN.